창조문학대표시인선 · 180

정신병동

Psychiatric ward

최임선 제 2시집

창조문학사

□ 작가 노트

광범위한 신의 유기지대
정신병동,
20년 만에 점하나 찍고 떠나려 한다.
그들을 보며 치료도 안 되는 '시'나 적고
검붉은 터널을 20년간 걸어 나오며
건강했던 내 가슴은 아릿한 아픔에 익숙해져 있다.
그들을 사랑을 하기는 했는지
치료를 하기는 했는지,
불 춤추듯 쏟아져 나온 '시'
두 번째 영혼의 껍질을 벗긴다.
'시'를 잘 써보려 노력한다거나
삶을 윤택하게 하려는 모든 세상 노력이
그들 앞에서는 부끄러운 사치이다.
썰물처럼 차 오르는
그들을 향한 연민으로 인해
떠나도 괴롭다

2010년 6월 뉴저지에서
최 임 선

정신병동

최임선 제 2시집

차 례

3부 / 정신병동

4부 / 첫 성화전

5부 / 봄이 오면

6부 / 그리움

7부 / 일출봉

8부 / 영시

1부

불타는 강

모세의 기적
"Miracle of Moses" (Exodus 14:21-22)
22*28(oil)

불타는 강

그대는
건널 수 없고
흐를 수도 없는
깊은 강 밑바닥
불규칙한 초로의 눈길로
바라만 보아야 하는
불타는 강의 심장 소리를 듣는가,

두 손 벌려 닿을 수 없는
침묵의 바닥
껴안을 수 없는 강물

흘러가는 낙화
뿌려 놓은 별 조각처럼
은빛 비늘 뒤척이는 강물
어떻게 하면
이 시대의 심장에
볼 수 없는 영혼
문신으로 새겨놓을 수 있을까,

강물 줄기 끝 접어

순종의 바다에 이르면
꽃잎처럼
나를 띄워 보리...

다시 사막을 걸으며

그곳에는 아직도 덜 익은 상처와
광활한 슬픔이 은빛 반짝이며
등 굽은 물결을 이루고 누워있다.

밤사이 주름진 산이 되었다가
등 넓은 바다가 되었다가
야누스의 얼굴처럼 뼈와 살이
조였다 펴졌다 하는 곳,

모래 바람으로 숭숭 구멍 뚫린 가슴을 안은
모래 바다의 긴 침묵,
인기척에 눈을 뜬 모래 물결이
해의 정기를 끌어내려 동침한다.

잠들지 못하여 출렁이는
사막의 중심을 향하여
다시 걷기 시작한다.

미래의 길

목이 말라 잠을 깼다 새벽 4시
재깍재깍 어둠을 갈아 먹는 시계소리
움찔 인기척에 출렁인다
캄캄한 방 더듬어 전기 스위치를 찾는다
어스름 벽 쪽으로 시계소리가 파 놓은 미래의 길
뿌연히 줄을 고르고 있다.
아_하! 하루를 지낼 만큼 밤사이 파 놓은
저 뿌연 길 오늘도 걸어야 겠군,
시간은 한 밤중에도 쉬지 않고 미래의 길 닦아 놓고
어둠 속의 길 끝은 어디에 연결 되어있나,
수많은 타인의 손들 공기의 벽 뚫고
말미잘처럼 길게 흔들며 나와 있다.
오늘은 몇 사람의 손을 흔들고 악수를 해야 지날 수 있나
나를 찌르려고 혓바닥 속에 뾰족한 칼을 숨기고
이간질과 중상모략,
절벽으로 떨어트리려는 어둠에 속한 거칠은 손
드물게 꽃 들고 나를 반기는 부드럽고 낯익은 손도 있을 듯
나의 미래의 길 중심 속에서 흔들리고 있다.
참 기이한 풍경을 잠결도 아닌데 생생히 볼 수 있다니
나는 습관처럼 간단히 스케치 해놓고 몇 자 적었다.

진실 게임

- 카 미터 -

카 미터에 쿼터대신 내 몸을 집어넣고 30분간 자신과 만남의 대화를 갖는다

진실의 큰 눈이 내 옷 속을 뚫고 살갗을 헤집고 깊은 망각 속의 슬픔을 만난다

손을 내민다 슬픔은 오로라 무지개 색 연기에 쌓여 만져지지 않는다

목구멍에 뜨거움이 걸린다 진실 앞에 나를 보여 줄 수 없는 슬픔의 덩어리

안타까운 침묵의 불가마 속을 걸어 나온다 시간에 밀려 내 몸은 어느새 기계를

빠져나와 다시 일상생활에 줄을 서고 차는 차도로 미끄러진다.

바람은 모르리

오솔길 지나 언덕바지
고목나무 하나
피 흘리며 서 있다

칼바람이 매섭게
흔들어 대고 있다.

머지않아 애기집 드러내고
드러누울 그 자리가
용서의 자리가 되길 기원하면서
잔가지 흔들며 오열하는 처연한 마음을,

평생을 스쳐만 지나가던
바람은 모르리라
한 장의 그림으로 접혀지는
그 세월인들
알리요.

이별 뒤에 오는 것

뒤뜰에 둘러싸인 나무숲에서
휘파람 소리가 난다
바람이 불 때마다 흔들리는 창백한 풍경
접으면 조그만 종이학 되어
가을과 이별사이를 날아다닌다.

차갑게 뒤척이는 가을 숲
이별 뒤 오려낸 이름 석 자
세상 구석으로 바람 따라 몰려다니며
휘파람 소리를 낸다.

나는 나무 숲 속으로 걸어 들어가
가을 나뭇잎들을 견딜 수 없는 오열로
모두 땅에 떨어트린다.

휘파람 소리가 멎고
찾아드는 정적
가을의 중심 속으로
낙엽처럼 나도 눕는다.

꿈

나의 시는 늘 잠이 모자라
비몽사몽 꿈을 꾼다.

햇빛 드는 마루에 걸터앉아
콩나물을 고른다
햇빛에 비치어 빤짝 빤짝
금 빛깔 나는 콩나물 대가리
모가지를 비틀어 본다
건반이 삐그덕 거리는 소리
숨어 있던 고통들이 튀어나와
이상한 괴음들을 낸다
거대한 건반 위에서 튕겨지는
콩나물 대가리들
목숨 대가리들
힘껏 눌러 눌러
살려 달라 할 때까지

자지러지게
꿈에서 깬다.

장마 비

비는
살고 싶은 들과 산을 지나
누울 곳을 찾아
낮과 밤을 적시며 헤매인다.

뿌리 뽑혀 서 있는
살아 있으나 죽은 나무 같은
도시 빌딩
적셔지지 않는 벽마다
안타깝게 쓸며
어둠에 막힌 곳은
천둥 번개 빛으로 뚫고
햇빛과 달빛보다
먼저 일어나 흐르고 채운다.

빛으로 밝게 서는 날
바람의 울음을 잠재우며
비로소
내 가슴도 적셔질 수 있으리.

호수 2

눈 감으면 불타는 호수
눈 뜨면 정적

심전도의 후레트 라인 소리
뚜_
내 목을 감고
호수에 잠긴다

일어서는 그림자 하나
호수에 뉘이고 걸어 나오며
예수님을 생각한다

육신의 몸으로 오시어
사랑하는 제자에게서
목숨을 박탈당하실 때
그 처절했던 배반의 심정
그 고통 모두 감당하시면서
아버지 뜻에 순종하신 그 사랑 때문에
매일 죽고 다시 살아야 하는
십자가의 길
빈 가슴에

낙엽 떨어지는 소리만이
죽음 같은 호수의 적막을 가른다.

2부
사막여행

천군 천사
"Army of Angels" (Hebrews 12:22)
24*36(oil)

기도

바람의 눈물
불구덩이 속 타는 숯덩이의 땀방울로
내 가는 길 닦아 놓고
무릎 꿇고 기도 합니다

살갑게 살갗 밑에 감추어 놓은
가난을 들키지 않게 하시고

한 치의 용서가 모자라
살 뭉그러지는 사막 쉿 모래 바람
가슴 숭숭 뚫리어
사랑 없는 돌기둥 되지 않게 하시고

겨우 잠든 내 욕망과 그리움이
삐걱이는 무릎 뼈 소리에
다시 깨어나지 않게 하소서

내 사랑하는 천사들
이민의 돌 자갈 밭 보듬어
험한 길 걷지 않게 하시고
넘치는 은혜의 바다로 인도하소서…

천구백구십년

"…………"
"밥 줘 배고파"
우울증의 끄나풀이 일 인치 나온다
"…………"
"손잡고 코 자자"
고사리 같은 손가락이 내 목을 감싼다
절망의 끄나풀이 이 인치 나온다
조약돌 같은 조건들이 바위 같은 조건들을 밀어낸다
"…………"
"같이 손잡고 코 자자~앙"
작은 숨결 골라 큰 날숨 한번 쉬고
생명가지만 남기고 모든 가지들은 쳐낸다
찢겨진 가슴 골 사이로
새벽마다 하늘 우러러 강풍의 포효
발등을 태우는 별똥별들이 우박처럼 밟힌다.

목숨이 목숨을 부르고
생명이 생명을 붙들고
불타고 있는 신문 한 귀퉁이
칠흑 같던 세상 암 덩어리가
그 불속을 걸어 들어간다.

백내장을 앓는 시

지금껏 써 온 시는 울먹이며 쓴 시
이제부터 쓰는 시는 터져버린 울음
찍어 발라 쓰는 시
기어이 백내장으로 시력을 잃고 나서
정신이 번쩍 든다
시심의 구름다리가 뚝 끊어진 느낌
읽어야 할 책들이 절벽으로 우뚝 서 있다.
가만히 귀 기울이면 책들이 수런수런
스스로를 읽고 있다.
캄캄한 암벽 속으로 손을 집어넣는다
꿈틀거리며 집혀지는 한 권의 책
하얀 책장을 하나 하나 넘기며 속울음을 잠재운다.
울컥 피를 토하며 나오는 시 한 줄
요즈음 나의 시는 백내장을 앓고 있다.

상처

덧없이 흐르는
중년 나이가 안타까워
마지막 카드 목숨을 내놓고
유언처럼 고백을 쏟아낸 적 있었다.

내 목숨을 받는 자를 위하여
난 죽을 수도 있었다.

장난치는 공처럼
멀리 던져 버리지만 않았던들,
지금쯤 나는
목숨 앞에 꼬꾸라져
헛꿈을 진짜처럼
꾸고 있었을 지도 모른다.

지금은
깨어진 살 틈 사이로
새싹이 돋아 날려는지
그 자리가 자꾸 간지럽다.

어머님 유언

"불쌍하니 절대로 버리지 말고 참고 살아라"
　　허리 디스크 앓으시면서 언니 초청 위해 미국에 오셨던 어머니
　　당신이 살아 온 인생철학
"어떡하니 네 십자가인 걸...."
"자식 보아 주니 머슴같이 데리고 살아라"
　　가슴 시린 한 말씀
　　살갗을 뚫고 뼈 속 깊이 문신으로 박혀
　　평생을 두고 지워 지지 않는 어머님 유언
　　고국 돌아가 벽만 보고 누우시어
　　꺼이꺼이 일 년이 넘도록 우셨다는 언니의 뒷이야기
"에미는 절대 자식을 떠나선 안 된다, 남편은 떠나보내도...."
　　덧붙여 삶의 지혜, 에미의 도리 뜨겁게 훈계해 주신
　　어머님 모정어린 충고 유언이 없었다면
　　어찌 이 긴 긴 무덤 같은 세월을 참고 살아 왔을까
　　"자식을 갖는다는 것은 하늘의 축복이자
　　에미가 지고 갈 사랑의 십자가이다"
　　요즈음은 나도 우리 어머님 말씀을
　　자식들에게 가끔 유언처럼 내 뱉는다
"자식은 하나님이 보내 주신 가정의 천사들이야

내 수호천사들 왼쪽 날개 오른쪽 날개…”

어머니!

늘 정원 가득 장미꽃 싸르비아 난초 나팔꽃들 가꾸시고

꽃을 좋아 하시던 어머니

같이 살던 옛날이 너무 그립습니다.

유언장을 갖고 사는 여자

내가 매일 나를 죽이는 방법은
나만이 간직한 비장한 카드가 있기 때문이다.

새벽 기도에 마른 울음을
꽃잎 떨어뜨리듯 흘리고 나서
오른쪽 가슴의 유언장을 만져 본다.

오늘이 세상 끝이라 생각하고
시작하는 하루는
마지막 혼혈을 다해
숨을 쉬며
생명의 신기함을 만끽한다.

어둠의 총알이 어디서 날아올지 모르는 세상
추억이 미끄러져 자리 할 곳이 없다.
내가 떠나면 뒷일은 누가 맡아 주나
불쌍한 자식들.

하나님 감사합니다.
오늘 하루를 무사히 보내듯
내일도 무사한 하루가 되게 하여 주소서,

이렇게 시작한 하루
모두가 사랑스럽고
원수도 용서하게 된다.

이러한 내 모습
하나님께서 예뻐하실까?

이별

비바람이 인다
바람 속에 숨어 있던
풍경들이 흔들리고 있다.
몇 번 더 속도를 내는
비바람 따라
숨어 있던 소리들이 운다.
젖어 있는 긴 가을 풍경 속으로
소리들이 빨려 들어가고 있다.
"생 로랜스 강"의 정적을 뚫고
가늘게 떨고 있는 가슴을 뚫고
소리 없이 흐느끼는 가을
가을이 탈바꿈을 하려나 보다.

해후

우리가
언젠가 다시 해후할 수 있다면
난 펑펑 쏟아지는 폭포수가 될 거야
아니
다소곳 고개 숙인 들꽃이 되어 흔들거리다가
이슬처럼 초롱초롱 매어 달렸다
뚝 떨어져
눈물 속으로 들어가
폭 안겨 버릴 거야
무슨 말이 필요 하겠는가
늘 그랬듯이
침묵의 파도
빛 속을 거닐며
서로 눈부시게 바라만 볼 것이다
우리의 영혼들은......

연속무늬

드러누워 천장의 연속무늬를 센다
무너지는 사랑
회복할 수 없는 사랑과 함께
연속무늬를 세다보면 천장과 천장 끝이 짧다
봄은 더디 오는 듯 와서
어느새 왔다 지나가고
천장 구석엔 쥐들의 얼룩지도가 그려져 있고
보통 사랑의 상자에
자신을 구겨 넣고
평범히 사는 연인들
다시 반대쪽을 세면서 똑같은 연속무늬
남들 다하는 사랑하면서
유독 구겨서 넣어지지 않는...
연속무늬가 끝났다 가로지르는 또 다른 벽
상자의 코너이다.
반사체의 그림자를 길게 내며
밑으로 하강하는 눈물
죽은 나무에도 새싹이 돋고
봄은 더디 오는 듯 와서
어느새 왔다 지나가고
천장무늬는 여전히 계속되고........

사막여행 1

끝없이 고이기만 하던
그리움이
이제는 넘쳐흘러
어디론가 정처 없이 흘러간다.

가슴에서 들끓던
언어들이
제각기 튀어나와
흐름과 동조되어
젖어 버린다.

고여 있을 때는
몰랐는데
흘러가 버리니
이제 알겠네,

하늘과 맞닿은 모래벌판
햇빛이 작렬하며
쩍쩍 갈라지는
돌아올 수 없는
길고 긴

사막여행이
시작되려 하는 것을…….

비

비는
운명 같은 바람을 만나
강풍을 일으키며
포효하는 울음을 운다.

어둠을 다 쓸어내리듯
거칠은 광야
가로 질러
누워있는 산들을
깨우고
어둠의 실체를 때리며
그림자를 만들지 않는다.

온종일 비 내리는 날은
가슴이 넘쳐 흘러
굳게 세운 다짐
빗물같이 묽어져

무너진 나를 싣고
강물로 흐른다.

3부

정신병동

내가 곧 길이요, 진리요, 생명이니
나로 말미암지 않고는 아버지께로 올
자가 없느니라 (John 14:6)
22*28(oil)

정신병동 1

- 고장 난 장난감 -

매일 밤 나는
이중도어 문지방을 밤안개처럼 스며들어
고장 난 장난감들의 잠자리를 지키다가
피곤한 아침이슬 되어 이곳을 빠져 나간다.
그들도 한 때는
연인 혹은 부부로써
서로 갖고 놀던 장난감들이었다.
배신당하고 이곳에 갇혀 있거나
혹은 오갈 데 없어
귀에서 소리가 들린다 호소하여
응급실 문을 두드리고 이곳에 올라 온
홈리스 장난감들이다.
매일 밤 나는
이 고장 난 장난감들을 돌보다가
아침이면 피곤한 아침이슬 되어
이중도어를 빠져 나간다.

정신병동 2

- 몽유병자처럼 -

달도 없이 밤길을 간다
긴 복도 따라 밤길을 간다

누가 자기 좋아 할까봐 종일 눈 감고 자는 척 하는
과대망상증 “K”가 잠든 방을 지나
시인을 찍어대는 소설만 쓰다 찍혀 들어 온
정신분열증의 “L”이 잠든 방을 지나
입만 열었다하면 욕부터 나오는
중증의 피해망상증 “C”가 잠든 방을 지나
이간질에 입이 쉴 사이 없어 똥내 풍기는
조울증의 “S”가 잠든 방을 지나
목소리 깔고 자기자랑에 금방 아침 먹고 안 먹었다고 잡아떼는
노인성치매 “J”가 잠든 방을 지나
도박과 술로 불뚝 나온 똥배와 퉁퉁 부은 다리로 복도 걷기 좋아하는
약물 중독자 “H”가 잠든 방을 지나
더러운 발자국 닦아 내는 걸레와
오물 쓰레기 쓸어 내는 빗자루 늘어선 방을 지나

밤마다 우는 소리 나는 각종 고장 난 장난감 꽉 차있는 방을 지나
본능의 사고뭉치 장소 남녀 화장실을 지나

복도 끝 마지막 도어를 열면
"솨_아" 밤바다가 펼쳐 질 것 같은
D_9 정신병동

30분마다 도어 체크 하며
달도 없이 하얗게 흔들리는
긴 복도 따라 밤길을 간다
몽유병자처럼……

정신병동 3

- 구인광고 -

사랑에 굶주린 자 되어 손을 내밉니다.
나는 손을 내밀어 악수를 청합니다.
내 손을 잡고 따듯한 피흐름의 온기를 나누어 줄 지극히 정상인을 찾습니다.
매일 저녁 잡히는 것은 정신병자들 손뿐
미쳐서 날뛰는 피흐름 말고, 정상
지극히 정상을 달리는, 현실을 알되 사랑을 계산하지 않는
눈 먼 사슴 같은, 신선한 눈망울을 한
"산사춘"에 취하지 않고도 똑바로 나의 눈을 바라보며 사랑을 나눌 수 있는
약간의 떨림을 동반하는 첫 사랑의 소유자를 찾습니다.
누구,

나....

사랑할 사람 없습니까?

정신병동 4

- 외곽지대 -

이 세상 선택 중
가장 슬프게
스스로도 모르게
잘못 되어진 선택

이것을 모르고 살고 있는
소리도 낼 수 없는
운명의 족쇄를 벗어 버릴 수 없는
차라리 슬픔도 비켜 가는
회색 외곽지대

우리들의 슬픔 따위로는 위로도 할 수 없는
가엾은 목숨들의 무게
가볍게 흔들어 지지 않는다
가볍게 흔들어서도 안 된다

그 누군가의 죄 값을 위해
잘못 끼워진 목숨의 단추.

정신병동 5

- 눈을 뜨는 밤 -

소리 없는 혀
정신을 갈라놓는다

그 누군가의 죄가
사각사각 내리어
그들은 보이지 않는 죄에 걸려 넘어진다.

냄새도 없고 빛깔도 없는
할돌*이 넘쳐 강물 수위에 다다라
발버둥 칠수록 조여지는 물결

무관심에 구멍 뚫린 눈*들이 쌓인다
젖은 통곡이 머리 위를 나르고
입술에 앉자마자 녹아내리는 절규

슬리퍼 끄는 소리에 눈을 뜨는 밤
젖은 눈들이 자꾸 쌓인다.

선택의 여지도 없이
누군가의 죄의 가시에 찔린

불쌍한 영혼들….

* 할돌 _ 정신병동서 쓰는 약
* 눈 _ 보는 눈(眼)

정신병동 6

- 비 오는 날 -

비 오는 날은 창밖을 바라보자
빗줄기를 따라 아래로 떨어지는 우리들의 분신을 보자
정직하게 드러나는 풍경의 선
울퉁불퉁 살아 온 길 젖어있다.

비 오는 날은 창밖을 바라보자
이마를 맞대고 젖어있는 지붕들을 보자
그 지붕 속 아직 젖지 않은 행복
젖지 않은 웃음
젖지 않은 희망의 그림이 보인다

비 오는 날은 창밖을 바라보자
우리들이 버린 생활의 무덤가
들풀들이 흔들리고
인간의 조건들이 길가에 흩어져 있다

비 오는 날은 창밖을 바라보자
그대를 향해
적셔지지 않는 핏빛 하늘
욕망의 길가에서

사랑의 홍역을 앓고 있는
젖을 수 없는 가로수들을 바라본다.

정신병동 7

- 바다 -

그대는
수심 깊은 바다
돌기둥
파산된 조각배

저 바다는
그저 바라만 보던
바다가 아니었는데

늘 안개에 둘러싸여
안 보이는 나날이 더 많고
잊혀지는 나날이 더 많은
작은 섬

지금은 은빛 반짝이는
수평선
눈 안에 가득

돌무덤 하나
잠재우는 바다

검게 탄
텅 빈 눈동자.

정신병동 8

- 운명 -

나는 아직 미치지 않았습니다.

꼭 나도 미쳐야 하는 환경을 넘어 30년이 되어갑니다.

나는 자식을 위해서도 절대 미칠 수 없습니다.

나는 살얼음판에 우뚝 선 바람막이올시다.

절대 바람에 쓰러지거나 울고만 있을 시간이 없습니다.

살아야 할 조건들이 별똥별처럼 매일 매일 내 발등을 찍습니다.

나는 자식을 가진 축복 받은 죄인이올시다.

나의 기도는 피 빛 꽃잎 냄새가 납니다.

오늘도 피 빛 꽃잎 향기 올리면서 "축복의 날"이 시작되려 합니다.

나는 신의 특별 사랑을 받은 축복 받은 자올시다.

정신병동 9

밤새
복도를 왔다 갔다 하는 환자들이 있다.
신발짝 끄는 소리
쓱 쓱 쓰---윽 쓱 쓰----윽
뱀이 기어 다닌다
복도와 벽과 천장에
단숨에 집어 삼킬
꽃이나 쥐새끼들 또는 빵과 쿠키
흐물흐물 무너지는 생각들을 추켜세우며
서로의 같은 망상 속에 혀를 집어넣고
단어들을 말아 먹는다.
메사돈 80미리그람
베나드릴 50미리그람
니코렛 껌
죽은 친구들 얼굴과 그 뒤를 쫓는 검은 무리들
소리 소리들이 엉켜서 귀 속을 돌아다닌다.
나는 살고 싶다
나를 꺼내다오
네가 죽는다면……

4부

첫 성화전

천국 계단
“Stairway to Heaven”
(Revelation 22:14)
20*30(4)(oil)

첫 성화전

너는 아직 고아다
너를 받아주는 세상 어느 구석에도 없는
누구의 사랑도 받지 못하고 자란 길가의 풀꽃처럼
보아주는 이 없는 얼굴 없는 고아다
차라리 배고픈 다른 고아를 위하여 너를 던져 주거라
너는 하나의 주먹밥이다.

왜 45년 전 너를 잉태하고 15년 눈물과 기도로
너를 키우고 자라게 했는지
하나님께 여쭈어 보아야 겠다

늘 잠이 모자란 두 눈에 둥글게 번지는 눈시울이
눈을 찌른다

지금은
자신을 십자가에 걸어놓고
전시하는 것 같아
고행이다.

어느 날

몸에 박혀 있는
오랜 습관의
쐐기를 뽑아낸다

부드러운 언어로 다듬고
아프지 않게 기름도 치고,

세월이 뜬다
안개 속을 걸어 나와
거울 앞에 선
물망초같이 아련한 모습

작은 시대 작은 거위
꿈틀거리며 올라오는
숨결을 고른다.

굴렁쇠

언덕 길
굴렁쇠 하나
의미 있게 던진 목숨과 함께
굴러 간다.

점점 풍선처럼 부풀어져
허공중에 산산이 분해되고

세상은 아무 일 없었듯이
여전히 바람은 불고
계절도 바뀌고

목숨 빠진 빈 소리로
굴러 가는 굴렁쇠
그 아픔의 깊이를 모른 체...

목숨

목숨은 벼랑 끝에서 오더이다

더 갈 수 없는
손닿을 수 없는 영혼의 끝

깊은 세월의 냄새
결핍된 자존의 바닥

목숨 끝 한 모서리가
적셔지는 날

나를 벗어 버리고
불춤 추는 학이 되어 날아가리라.

시인의 가슴

가로등 졸고 있는 골목길을
껑껑 짖어 대는 개소리와 함께 지나간다.

발자국 소리에 장단을 맞추자
벽에 숨어있던 소리들이
일제히 끓기 시작한다.

벽의 높낮이대로 쏟아져 나오는 신음 소리가
내 심장 소리와 함께 어우러진다
밖은 검푸른 정적
가슴 속은 5중주 심포니 오케스트라 합중주
곱게 지나가는 시간 뒤에는 절벽이 뒤따르고
흐느적거리는 꽃들의 거리에서
하늘과 땅 바다의 수평선을 가로지르는
횡선의 춤사위,

뛸 수 없는 경계선을 넘나드는
피곤하고 푸른 이념
잡초처럼 밟히는
나부낄 것 없는
초라한 시인의 가슴아…

나의 시

나는 오늘도
비늘 한 장을 뽑아
시간의 과녁에 꼽는다.

명쾌하게 뽑히지 않는 비늘 한 장
꼬리 잘려난 수탉처럼
먹이를 향해 용틀임 친다

하루가 기우뚱
고뇌의 사닥다리를 오르락내리락
세상에 홀로 버려진 고아의 눈물이
얼마나 짤 것인가를 가늠하며
가슴 쓸며 떨어지는 눈물방울 핏방울
똑, 똑, 똑, 아홉의 숫자

둥글게 둥글게 번지며
커지는 임산부의 배처럼
열 달을 못 채우고 떨어지는
눈 못 뜨는 미숙아
말 못하는 벙어리
차라리

꽃 피우지 않는 것이 좋았을
나의 시.

다시 성화를 그리며

춥고 가난한
이민 시대,

소명을 불가마 속에 달구며
열반의 수레바퀴
삼십 사년
콤마 찍고,

오른쪽 어깨 근육이완증으로
아픈 팔을 다시 든다
왼쪽 팔이 속삭인다
남은 날이 적다고,

애초에 사람에겐
바닷물로도 채워지지 않는 무한성을
신께서 주셨기에
느낌으로 내친김에
영원까지 가련다.

포도

검붉고 둥근 세월 깨물으니
톡, 이빨 사이
터지는 연민의 즙
시큼 달콤한 그리움도 씹힌다.

안으로 삭힌 눈물
돌같이 굳어져
혓바닥에서 맴도는 씨알
톡, 톡 씹을수록
입안이 온통 얼얼

얼마나 매운 세월이었으면
취하여 예까지 왔는가,

검붉게 취하여
물들어 있는
빈 항아리…

기억

장마 진 후
꼭 거머리가 지나간다
피 빨던 자리 제발 저려
가슴 속 기억의 산 헤집고
지나가는 통증,
갯벌 같은 앞마당
거머리 지난 자리
굵어진 햇살 속으로
오래된 침묵이 꿈틀거린다.

깊은 강 2

깊은 강 가장자리부터
실핏줄 살얼음 얼기 시작할 때
나는 거기 없었네
한 세기 있었던 전설의 한이 풀어져
그리 깊어진 까닭을....
나는 그저
낮게 내려앉은 강 건너 풍경을
타인의 얼굴로 지루하게 바라만 보았을 뿐
속 깊이 물색 치마 홀로 감싸며 흐르는
깊은 강의 속내를 알 턱이 없었지,
나는 다만
던지는 돌멩이에 둥글게 퍼지는
고통의 소리를 즐겨 음미하는
현대인의 표상이었어.

5부

봄이 오면

하늘의 천사들
"Angels from Heaven" (Hebrews 1:14)
24*36(oil)

봄이 오면

봄이 오면 꽃밭을 가꾸리라
진달래 개나리 수선화... 그리고 싸르비아꽃
각기 제 향기대로
새벽에 배시시 꽃잎 여는 꽃들을 지켜보고 싶다.
때가 되면 낙화되어 떠나는 모습
그 슬픔을 어떻게 업고 가는 가를...
아픔을 어떻게 견디는 가를...
어떻게 눈물을 만나고
한숨을 삼키며
살아온 기억을
지워가는 지를...

꽃의 생리

꽃이 되어 보지 않은 자는
꽃의 생리를 알지 못하리
꽃은 피어야하고
또 져야하는 생리를

생의 극치에서
활활 타오르는 얼굴 서로 바라보며
하나둘씩 생명줄 꽃잎
비늘처럼 뽑아 날려 보내며
생의 경계를 지워간다.

꽃이 피는 찰나는 짧되
지움의 경계는 너무 깊어
끝을 볼 수가 없다.

봄이 오는 길목

봄이 오는 길목은 눈물겹다
그대 밟고 지나갔던 그 자리
개나리 금빛 물결
다시 밟으니 그대 본 듯
저며 오는 봄빛
저만치 웃는 모습 아지랑이 같이 끓어올라
그대 생각 닿는 곳마다
팍 팍 터지는 봄의 절정 소리
절절히 흐르던 사랑했던 눈빛
봄빛 되어
죽었던 땅 위 꽃들은 다시 피어나건만
다시 피울 수 없는 사랑의 꽃
봄이 오는 길목은 언제나 눈물겹다.

목숨 꽃

봄에도 수많은 벽이 있어
날아야 할 것들
벽에 부딪쳐

떨어진 곳이
무덤이 되어
피었다 지고
또 지고,

애초에 꽃의 길이 따로 없듯이
운명처럼 해마다 피었다 짐은
봄이어서 만도 아니요
여름도 가을도
겨울은 더더구나 아닌 것임을

한줌 세상 꼭 쥐고 있다
빈 손바닥
꽃이 만개함은
공허한 미소

아! 아름다운 죽음

절절히 흐르는 목숨으로
미소 띤 꽃들이여!

가을 나무

목숨 타는
가을 하늘을 바라본다.

푸르렀던 청운의 꿈
가볍게 말아 쥔
메마른 젖줄

하늘 닮아 높았던 자아
이제
성큼 다가 온
시간의 재판대 위에서
등 떠밀 듯
긴 숨 몰아쉬고
떨어지는 낙엽,

그렁그렁 하고픈 말
피 토하듯 우수수
나무는 각혈을 하고 서 있다.

목숨의 변명
끊어진 수맥 앞에

산산이 부서져
그 소망
껍질로 남아
둥근 테 하나
진하게 긋는다.

목숨 타는 가을,
나는
차가운 가을바람을 안고
나무가 되어 서 있다.

가을 2

이 가을
주여!
불타는
낙엽이고 싶습니다.

이끼 낀 세월
돌돌 말아 쥐고
성령의 불길로
설거지 된,

피 거름
수맥으로 내려앉아
사랑의 금빛 날개 달고
다시 태어나는
풀잎이고 싶습니다.

눈물도 불타
옥구슬같이
먼지 되어
흙으로 내려앉아

그리하여
성령의 불길 속에서
다시
정금같이 나오게 하소서!

가을 3

지우지 못한 그리움의 욕망
긁어모아
가을을 태웁니다.

가을이 타는 냄새
그리움이 타는 냄새
심장 가득 뛰놀고
오늘도 추스르지 못한
한마디
다시는 못 부를 것처럼
절규가 되어
가슴 바닥
뒤집고 돌아다니네,

가을이
불꽃처럼 타올라
먼지 낀 가슴
구석 구석
생명 한 겹 접어
영혼의 끝
밝히 비추이네-.

가을비

– 상처 –

가을비가 내린다
가을비는 나뭇잎을 뚫고
내 발등을 찍는다
찍고
또 찍는다.

온 몸에 가을 색 피멍이 번진다
기도 할 때마다
자비 온유 사랑 용서들이
각혈처럼 튕겨 나온다.

가을비 속으로 들어가
온 몸을 헹구어 낸다.
그리고 손바닥만 한 햇빛에
쥐포처럼 나를 말린다.

속에 있는 것들이 다 쏟아져 나오고
뼈와 가죽만 남아
빨래처럼 흔들리고 있는 목숨

상처 난 발등 위로
눈물 한 방울 뚝 떨어진다.

가을 나목

밤사이
갖가지 죄에 물든 잎새
모두 떨쳐 버리고
새 아침을 맞는
나목

빈 가지 끝
영롱한 미소 머금고
매달려 있는
참회의 이슬방울

겸허히 다 내어 주고
감사하는 마음으로
빗겨가는 바람결로 인해
더욱 둥글어지는 가을 하늘

중심을 향해
온 몸으로 길을 내고 있는
가을 나목

가을 잔상

가을이 길게
그림자를 드리운다

생의 경계 끝에 매달린
낙엽들을 흔드니
묽어지는 슬픔

높아지는 가을 하늘
펄럭이는 피 빛 연민

추억들이 우수수
일상을 지우며
어둠 속으로 사라진다.

첫 눈

선잠을 깨어 창밖을 보니
밤사이 하얗게 눈 덮인 뒤뜰
눈부시게 누워 있는 산등성
신발 끈을 꿰며 뒤돌아 선
그대의 아픔을 보네요.
등 굽은 등짝을 후려치는 눈바람
안개 낀 창문 사이로 뿌옇게 지워지는
만남과 이별의 경계선을 보네요.
그저 뿌옇게
눈인지 안개인지 눈물인지...
질척이며
가슴 골 사이로
하얀 눈만
자꾸 자꾸 쌓이네요.

눈

눈이 내리면서
내 마음을 쓸고 있다

풍경들은 하얗게
하늘의 매를 맞으면서
울거나 웃지도 않는다.

하늘이 꿈틀 거린다
재촉하는 바람과 함께
시속 60마일로
거칠게 몰아 덮는다
하루가 가기 전
용서하며
덮어야 할 곳이 많은 가 보다.

눈은 내리면서
반나절 남은 하루를 덮고
내 마음도 덮는다.

6부

그리움

하늘의 영
"Souls in Heaven" (Revelation 4:11)
24*30(oil)

그리움 1

\- 철로 -

그만치서
서로를 바라 볼 뿐
만날 수 없는
평행선의 숙명

그 위를 달리는
오늘의 무게가 뜬다
얼마만큼 실어 날려야
세월의 등허리를 펼 수 있나

가난한 아침의 햇살이
몸살을 앓으며
철로 위로 미끄러진다

견제의 거리를 늦출 수 없어
박힌 못 스스로 빼낼 수 없는
잠들 수 없는
연민이여...

그리움 2

꽃과 바람과
스쳐가는 세월은 그려도
내 한 평생 두고 두고
못 그릴 그림 하나 있어
흰 캔버스에
헛 붓질만 한다

오늘도 점하나 못 찍고
젖은 마음에
붓을 헹군다.

그리움 3

그리움이란
인간만이 가질 수 있는 숙명
매일 남자의 수염처럼 자라는 욕망
신선한 안개 같은 영역
절망의 밑바닥을 튕겨 나오는
신비한 마력을 갖고 있어
그 한없는 정체의 주머니 속
태평양의 바닷물
온 우주를 감싸고 있는 오로라의 신비로도
그 깊음을 가늠할 수 없어
늘 타오르고 있다,
죽음을 넘어서는
그리움의 뚜껑은 닫히지 않고
너와 나의 눈동자에 박혀 있을 뿐이다.

그리움 4

그리움을 화판에
색칠 한다면
무슨 색깔일까.

아련한 아지랑이 같이
끈끈이 이어지는
절망과 희망의
사닥다리 위를
오르락내리락
하루에도 수백 번.

그리움을 지울 수만 있다면
무슨 지우개로 지울까,
눈 감아도
더욱 또렷이 나타나는
그리운 얼굴
밤과 낮 사이를
고리 걸어 길게 연결하면
지구 끝까지 가겠네.

그리운 마음을

가리울 수 있다면
눈물 속에 반짝이는
별빛도 가리울 수 있겠건만....,

안타까운 마음
바람결에 띄워
그대 창문 있는 곳까지
보내고 싶어라.

적색 나이테

남녀가 서로 사랑하는 까닭은
살갗 밑에 깔려있는 적색 나이테 줄 때문이다.
머지않아 지워질
서로를 위해 따듯이 태워 질
그 날을 위해,
그리하여 서서히 지워지는
생의 내리막길에서
그 아득함으로 인해
앞을 가늠할 수 없는
가슴의 고동소리
더욱 똑똑히 들리는
오늘을 위해......

사랑이 싹틀 때

사랑이 싹틀 때
가슴 밑바닥 밀고 올라오는
그 무엇이 있다.
형체도 없고
냄새도 없는
불투명한 안개,
가슴은 온통 그리움으로 출렁이고
끊임없이 몰려왔다
하얀 물이랑 내고 부서진다.

그리움이 묻어나는
눈길 속에 피어나는 꽃망울,
수없이 썼다 지웠다
날려 보내는 꽃잎사이로
물보라 같이 일어나는
무지개색 아지랑이

세월의 톱니바퀴에
그리움을 걸어놓고
조각난 꿈 조각들을 연결해 본다.

사랑이 싹틀 때
눈에 비추이는 모든 것은
너무 눈부시게
아름답고 찬란해

세상은 더러
살아 볼 가치가 있다는 것을
느끼게 해준다.

뿌리

지금은
사랑의 뿌리가
내려앉는 시절

얼어붙었던 땅 속으로
흙의 부드러움 어루만지면서
혼자서 외롭게
어두운 긴 터널을
헤쳐 나간다.

때로는 절망의 바위
지혜롭게 비켜가면서
그렇게 소리 없는 침묵으로
사랑 나무 키우기 위해
끝없이 갈라지는
너의 분신
뜨거운 생명의 원천

수맥이 끊기는 날
힘들었던 지난날을 추억하며
서로의 사랑을 가슴에 안고

우리 모두
다시
흙으로 돌아가리라.

사랑의 노래

나는 그대에게
나의 아픔을 주련다
견딜 수 없는 한숨으로
꿈꾸는 당신의 눈동자에
불꽃이 되련다.

스스로를 태우며
꽃잎들은 부드럽게 속삭인다.
그대 책상 위에 눕기를 원하여
들끓는 햇살로
그리움의 산소로-,

춥고 배고픈 기억으로 다가와
그대의 두꺼운 고독의 껍질을
영혼의 껍질을 벗긴다.

사랑아!
기억조차 없을
아픈 세월의 매듭으로 남아
보이지 않는 영혼을
노래할 수 있는가

내가 떠나면
나를 위해 사랑의 노래를
불러줄 수 있는가_.

빈잔

- 그대 있음에 -

그대가 버린
나의 순수가
검은 연기로 타올라
이유 있는 눈물 되어
들썩이는 잔

말라버린 소망
되돌릴 수 없는
빈 목숨의 잔에
들끓는 생명을 부어,

만질 수 없는
바람 같은 그대
살아서는 만날 수 없는 영원으로
나의 잔이 넘칠 때에
그대의 잔에
채워 드리리다.

연민의 꽃

- 마른 장미 -

정지된 영혼의 흐름
훅!
한 번의 입김으로
무너져 내리는 사랑이었을
연민이었을
허무의 꽃잎이여,

그대와 나 사이
손을 뻗을수록
가시만 돋아
나의 자아를 찌른다.

절망의 침몰로
가로 막혀
살아선 만날 수 없는
영혼의 늪

밤낮으로 품어대던
아득하고
깊이를 모르던

연민으로 들떴던
영롱한 별들의 한숨이 숨어있다.

눌린 꽃잎
정지된 침몰의 바람
박재된 그리움
얼룩진 흔적으로
남는다.

설움

한 세상 살면서
갖고 갈 따듯한
가슴 하나 없는
껍질만 남은 생활
설움이외다.

한 뼘
가슴에 숨겨둔
그리움의 바다
흐를 곳 없어
밤낮 모세혈관 비집고
출렁이는 피 흐름
설움이외다.

같이 하자던 약속도 없이
놓지 못하는
사랑의 끄나풀
돌돌 말아 쥐고
그대
앞서 가야만 하는
발걸음

설움이외다.

눈먼 세상
두 눈 부릅뜨고
살다보니
이젠 가야 할 길
뚜렷이 보여
더욱 확실해지는
설움의 길이외다.

사랑이란

사랑이란 함부로 쓸 말이 못된다.
사랑이란 평생 마음으로 풀어갈 숙제의 단어이다.
사랑하는데 무슨 허락이 필요하리요 마는
고백이란 때론
지구덩이를 안게 되는 고통의 멍에가 될 수 있다.

사랑도 흐른다.
작은 시냇물이 흘러 침묵의 바다에 이르듯이
핏물도 흘러 가슴에 고여 뜨거운 화산구를 만든다.

사랑을 받는 자는 떠나면 그 뿐
사랑을 주는 자는 죽는 날까지
뜨거운 화산구를 안고 분출될 수 없는 소용돌이
숙제의 실 가닥을 붙잡고 가슴앓이를 앓게 된다.

사랑은 고통이다.
사랑하므로 오래 참고 견디고 모든 것을 믿고 바라며
고통의 승화 속에서 성숙한 사랑을 맛보게 된다.

사랑의 시작은 미묘하며
인간들만이 누릴 수 있는 신의 축복의 길이다.

사랑은 시간과 공간과 죽음을 초월하여 피는 장미꽃 같아서
그 향기에 취하여 꿈꾸는 자가 된다.
그래서 사랑을 하면 다시 세상을 사는
사랑의 묘약에 잠기게 된다.

그러므로 사랑하는 자들이여
사랑은 주는 쪽이 더 행복하나니
사랑은 삶도 죽음도 초월하여
저 멀리 영혼 강가에 피어오르는
무지개색 구름 안개 같으니......

7부
일출봉

재림하시는 예수님
"Jesus is coming back"
(Revelation 19:11)
36*60(oil)

일출봉

오천년 도읍지 두루마기를
제주 앞 바다에 풀어 놓은들
분화구 가장자리 서리 맺힌
아흔 아홉 개의 눈물 봉우리 풀어지리요

한 많고 끝없던 외적의 침략을
네 한 몸 막아내느라
뻥 뚫린 스물일곱 개의 인공동굴

얼마나 아팠으면 제살 깎아
아흔아홉 개의 봉우리
머리에 쓰고

뽑히지도
뽑을 수도 없었던
나라 사랑 때문에

오롯이 제주 앞 바다
가슴 한 복판에 네 몸 박았더냐,

이제는 토해 버리거라

역사의 상흔을
한 민족의 설움을

끝없는 연민으로 네 상흔을 핥고 있는
파도로 위로를 삼으려무나

부서지는 파도의 흰 이빨사이로
괜찮아
이젠 괜찮아
잔잔한 미소로 답하는
일출봉 바위산.

사막여행 2

발걸음을 뗄 때마다
지폐를 뿌리어라

지폐가 떨어진 곳 마다
푹 패인 발자국을 적실
샘물이 솟아 나오는
꿈을 꾸어라,

이 작은 지폐가
사막의 어느 구석을
얼마만큼 적실 수 있으랴

입과 눈에 가득 찬
모래가루
입을 다물라
눈을 뜨지 말라

천지가 개벽되어
오병이어 기적으로
그대 가슴까지
차고 넘치어

적시어 놓을 때까지

사막이 변하여
푸른 물결 넘실대는
오대양이
될 때까지

산하

꿈의 산맥이
병풍같이 드리운 산하

넘지 못하는 열기의 바람
뭉쳐 내려
산자락에 깔리어
애끓는 강풍만 일으키고

비추인 꿈의 날개
조각내어
잔잔히 물위에
띄우며
돌아가는 산하_.

도약

네모난 창문으로 바라보는 하늘
제한된 자유
제한된 그리움
나는 날개 갖기를 원했네.

날개가 돋던 날
살갗 찢기우는 박수소리
백 촉 형광등 조명아래
쇠 닻 벗고 일어서는
시인
모두들 새 날개를
축하해 주었네

새로운 세계에의 도약
찬란한 비상을 꿈꾸는
외로운 외출이 시작 되려하네,
실상은
영원한 자유
외길을 향한 투지의 발걸음

내 가슴을 불꽃으로 만든

저 하늘의 비밀을 찾아
껍질 뒤에 숨은 허무의 그림자
비겁한 웃음
착각의 바람

끝까지 쫓아가서
풍선 터트리듯
빵 빵
신나게 터트릴 것이다.

인생

참으로 질서의 하나님

서로 속 뒤집히지 말고 살라고
역사는 밤에 이루어지게 하시고
뼈끼리 부딪치지 말라고
살 내음 가득한 풍요를 주시고
달지근한 뜨거움도 덤으로 주시어
그리움을 낳게 하시고

죽을 때까지 침묵하며
홀로 불 탈 수 있는
넓은 가슴도 주시어
비로소 사랑을 눈뜨게 하시니

감사합니다.

벽

세상 벽은
하늘로 통하는 열린 문
기도로 볼 수 있는 문.

세상 벽은
하늘 축복의 길
벽이 두꺼울수록
축복의 길은 넓어지고
믿음으로 가는 길.

세상 벽은 다 막혀도
하늘문은 항상 열리어 있어
고달픈 세상 짐 다 갖고 올라 가
내려놓을 수 있는 피난처,

세상 벽은
당신 사랑 test 하는 길
눈물로 한숨으로 못가는 길
기쁨과 회개로 가는 길
피의 약속의 길.

세상 벽 보지 않네
열린 문 통해 당신과의 대화
막힌 심장 뚫어주고
새 힘 항상 주시기에

이 서러운 목숨 바쳐
당신을 사랑하는 까닭은
생명의 길
영혼의 길임에야
언젠가 함께 할
천년왕국의 길이므로,

아!
당신 앞에 부끄럼 없이 서는 날
허상 속에 세워졌던
세상 벽 다 무너지고
한으로 뭉친 일생
당신 위로 받고 싶네
눈부신 하얀 옷자락
그 품에 안기고 싶네.

“깊은 강” 첫 시집을 내면서

1
차라리
꽃잎 지는 밤으로의
여행을 떠나겠습니다

거칠은 존재의 땅 뛰어 넘어
살점 떨어지듯 그리웠던 얼굴들
그렇게 오려내야만 했던
시대의 가난
땀방울로 얼룩진 거리,

좁고 긴 이민의 복도 끝
돌풍의 비바람
빙점의 바닥치고 올라서는
물방울들
껴안아야 했습니다.

2
둥근 방마다 가득 차 있는
풍진 세월
나는 너를 부르고
너는 나를 부르고
종이 두께만큼 비켜가는 소리
칼 같아
책장을 넘길 때마다
손가락이 베입니다

다시 꿈틀거리는 결핍된 자아
아득했던 먼 길 접어
페이지 갈피마다
꽃잎처럼 끼워 놓습니다

먼 훗날
순례의 길 끝날 무렵
그대
초로의 얼굴 비추일
"깊은 강" 첫 시집을 내면서…

소망

새해에는 사랑이게 하소서
스스로 채울 수 없는 것들을 채우며
일어날 것들을 일으켜 세우며
일어나선 안 될 것들을 눕히며
소리 없는 아우성
들끓는 눈물이게 하소서

겉과 안이 사랑의 소리로 꽉 차여
만지면 터질 듯
사랑의 노래만 나오게 하소서

푸른 상처의 이끼 낀 바위
따듯이 감싸는 물방울 되어
막힌 곳 뚫으며
검은 열매 뚝뚝 떨어뜨려
무지개색 희망의 새싹으로
돋아나게 하소서

우리를 눕히는 것은 부드러운 것들
사납고 거친 큰 소리가 아님을
깨닫게 하소서

우리를 나르게 하는 것은 가벼운 것들
무겁고 칙칙한 헛기침이 아니라는 것을
깨닫게 하소서

새해에는 사랑의 빛이 되어
지나온 어두움의 길이
천성 가는 길로
환히 비춰지게 하소서
그리하여 분명한 목소리로
너와 내가
사랑으로 하나 되게 하소서!

바다 그리고 빛

- 새 천 년을 기리며 -

바다 속은
거룩한 우주의 입
역사를 삼키고
역사를 가는 인간들을 삼키고
하늘을 삼킬 듯
미칠 듯 포효하는
해풍으로 인해
얼룩진 땅을 본다

갈라진 틈새
이끼 낀
천 년의 세월이 녹아 있다
그러나 빛은 살아서
찬란한 무지개 색으로
끊임없이 꿈틀거리며
바다와의 화해를 꿈꾼다

빛이 물속의 침묵을 뚫고
천 년 억겁의 세월의 이끼를 가르며
바다의 자궁 속으로 들어간다

어둠 속에 묻혀 있던
검은 기억들이 거품을 품고
물 위로 뜬다

바다는
터질 듯 부푼 가슴으로
무지개 색 찬란한
빛을 토해낸다

바다는
전율을 느끼듯
검푸르게 녹아 있는
시간들을 깨기 위해
온몸을 부서트린다

흰 이빨을 드러내고
깔깔거리며 사라졌다
다시 밀려오는
거품의 세월들이여

밤낮 토해낸

빛을 다시 삼키며
찬란한 천 년의 신비를
한 몸에 안고
수많은 빛의 진주알을 키운다

오!
빛이여
새 천 년에 오시는 빛이여!

8부
영 시

예수님 재림하실 때(휴거)
"The Coming of the Lord"
(Thessalonians 4:16-17)
36*60(oil)

Walking on a desert once more

In there the wound not healed yet,
indescribable sorrow glitter like silver,
lie as a curved wave

During the night became a furrowed mountain,
the expansive sea,
a place the bone and the flesh are getting tightened, loosen
like Janus' face

A long silence of the sand sea
embraced heart that has holes all over by sand wind,
the sand wave awakened by sudden noise
drag a vital force of the sun down, sleep together

Begin to walk once more
for a middle of the dessert
rolling as not getting asleep

The way of future

I was awakened from sleep because of thirsty Four o'clock in the morning

The ticking of a clock nibbling the darkness

Swell with getting startled by sudden noise.

fumble for the light switch in a dark room

The way of future the ticking of a clock dig already towards the murky wall

choose a line in vague.

Well, also I should walk today the vague way which dig during the night

as much as spending a day

The time build the way of future without any break even in the midnight,

To where the end of the way in the darkness is connected

Numerous hands of others pierce a wall of the air,

came out in waving long like a sea anemone

I wonder how many people should I wave, shake hand, so I can spend a day

Hide a sharp knife in a tongue to stab me,

Act of estrangement, allegations as baseless slander,

A rough hand belong to the darkness getting about to throw down to the cliff

There seems to be a soft, familiar hand greeting me with flowers rarely

I am faltering in the middle of the way of future

How I can see the eccentric scene vividly, even though not in my sleep

I sketch, wrote down several words easily like a habit

Truth or Dare

Putting my body into the car meter instead of a quarter, talk myself for half an hour

Great spunky eyes of truth pierce my clothes, root my skin, face the sorrow in deep oblivion, I extend my hand The sorrow is covered with aurora, rainbow colored smoke,

it cannot be touched The hotness stick in a throat The lump of sorrow I cannot show myself before truth I walk out of fire kiln of pitiful silence Getting pushed by the time, my body slip out of a machine already, stand in a line on a daily life again, a car slide into the street.

The wind may not know

At the hilltop over a path
an old tree is standing
in shedding a blood

Fiercely the sharp wind is
shaking.

Praying, in the near future,
the place which uterus may be removed, should be laid down
will be a seat for the forgiveness,
and the sorrowful heart which is swinging twigs, sobbing,

the wind used to be only flitted all the life
may not know
How even the time being folded as a sheet of picture
may know

Poet's heart

Pass by an alley with a sound of barking
along the streetlight falling in a doze

When I accompany to the tramp of marching feet
sounds hidden inside the wall start to boil
all at once

The sound of groan pouring out as high and low
mingle with a sound of my heartbeat
Outside, the livid silence,
inside the heart, a string quintet, symphony orchestra concert
The cliff is following behind the time passing in quiet,
The display of oriental dance in crossing
across the horizon of the sky, land, sea,
in the street of fluttering flowers,

The tired, bruised idea
frequently crossing the insuperable border line
What a pitiful poet's heart
getting stepped like weed,
nothing to be fluttered…

Something coming after parting

I hear whistling
in the grove surrounded at the backyard
The pallid scene swinging whenever the wind blows
Becomes small paper crane when it is folded,
flies between the fall and the parting

The fall grove tossing about cold,
The name, three letters which was cut out after parting
hang out along the wind to the corner of the world,
make whistling

I walk inside the grove,
drop all the fall, the leaves
with unbearable wail.

The silence coming after
whistling is stopped
Into the middle of fall
I also lie like a fallen leaf.

Prayer

While hardening my way to go
with a sorrow of the wind,
sweats of a lump of burning charcoal inside a blazing inferno,
I pray on my knee

Please keep my poverty being hidden under the skin hardly
out of being found,

I have holes all over my heart
by the iron sand wind of a dessert the flesh get crumbled
as the reason an inch is short of forgiveness,
do not allow me to become a loveless stone pillar

do not allow my desire, yearning slept hardly
to be awakened again
by a creaking sound of the kneecap

My beloved angels,

embrace the stone, gravelly field in the way of immigration,
do not allow me to walk in a bumpy road,
and guide me to the sea of overflowing grace…

Psychiatric ward 1

Every night
permeating threshold with doubled door like night mist,
watching a bed of broken toys,
become a tired morning dew, slip out of this place
Once they also were toys playing together
as a lover or couple
They are homeless toys came to this place
after knocking at the emergency door
pleading whether they are confined here after getting betrayed, or
there is no place to go,
hear ringing in the ears
Every night I
taking care of these broken toys,
in the morning I become a tired morning dew,
slip out of the doubled door

Psychiatric ward 2

- Like sleepwalker -

Walk by night without a moon
Walk by night along a long hallway

Passing by the room of "K", the megalomaniac;
pretending to sleep all day long whether someone may like him, or not,
passing by the room of "L", the schizophrenic slept;
writing only a novel stamping a signature, getting seized,
passing by the room of "C" the severely paranoid;
swearing first whenever he opens a mouth,
passing by the room of "S", the cyclothyme slept;
stinking bad smell without a break with driving a wedge between people,
passing by the room of J", the senile dementia slept;
making self-applause with a big mouth, persisting in feigning while saying not have it, even if he just had a food,
passing by the room of "H", the drug addict slept;
having a big belly by gambling and drinking, like walking hallway with a swollen leg,

passing by the room of mops cleaning dirty footprints, sweepers
standing in a line to clean the rubbish, garbage,
passing by the room filled with all kinds of broken toys
making a noise like crying every night,
passing by the unisex lavatory, the place of instinct troublemaker,

The psychiatric ward, "D-9"
When I open last door at the end of hallway
like the night sea seems to be spread with a sound with a sough

While checking a door every half an hour,
I walk by night along the long hallway
swinging in pale without a moon
Like sleepwalker…

Psychiatric ward 4

- the fringe-land -

Among choices in this world
a choice which made wrong
most sadly,
in spite of himself

The grayish fringe-land;
living without knowing this,
cannot make even a sound,
not being able to throw off the chains of fortune,
even the sorrow would be rather steered by,

The weigh of pitiful lives
our sorrows, and the like, cannot even console
Not shaken easily
Must not shake easily

A button of the life which was inserted wrong
for somebody's sin

Psychiatric ward 5

- The night opening eyes -

The soundless tongue
split a spirit

Someone's sin
come down with a crunch,
they are caught, fallen down. by invisible sin

Odorless, colorless
Harloperidol is overflowed, reach to the river level,
the wave, the more struggle, the more tighten

Eyes which had a hole by indifference are gathered
A clammy wailing fly over the head,
the scream melting down as soon as sitting on the lips

The night opening eyes by the sound of dragging slipper
The clammy eyes are piled over and over again

Without having a choice
what a pitiful souls get pricked

by a thorn because of somebody's sin···

*Harloperidol: medicine for a schizophrenic

Psychiatric ward 6

- On a rainy day -

Let's look out the window on a rainy day
Let's see our other self falling down along the rain streak
The line of scene getting exposed honestly
The way of bumpy life is wet.

Let's look out the window on a rainy day
Let's see roofs which is putting heads together, getting wet
Inside the roof I can see the unwet happiness yet,
the smile without getting wet,
the picture of the hope not getting wet,

Let's look out the window on a rainy day
At the graveside in a life we threw out
grasses in a field are swinging,
human conditions are scattered on the street

Let's look out the window on a rainy day
At the bloody sky, the street of desire,

not becoming wet towards you,
I gaze at street trees not being able to be gotten wet,
having plagued with a measles of love.

Psychiatric ward 7

- Sea -

You,
the deep sea,
stone pillar,
small wrecked boat

That sea is not the sea
just kept on staring

A small island;
Always surrounded by the mist,
more blind day,
more forgotten day

Now horizon glittering like silver,
filled in my eyes

The sea
putting a stone grave to sleep
The empty eyes
burnt in black.

Psychiatric ward 9

All night long
there are patients coming and going the hallway
The sound of dragging slippers

Snake is crawling
At the hallway, wall, ceiling
flowers, mouse or breads, cookies
being about to swallow at a gulp,
extolling thoughts crumbling mushy, squishy to the skies
putting a tongue into the same delusion to each other,
I roll, take words
80 mg, Methadone
50 mg, Benadryl
Nicorette gum
Faces of my dead friends, dark crowd chasing after them
Sound and sound get tangled, sneak around inside ears
I want to live
Pleas let me out
If you die…

Publishing "Deep River", the first poetical works

1
I'd rather
leave my trip
into the night falling floral leaf

Jump over the wasteland of existence,
faces used to be yearned as much as a piece of flesh is fallen,
and the poverty at that time
which could not help cutting out like that,
a street stained with beads of sweat

The end of narrow, long hallway of immigration,
the rainy gust of wind,
raindrops
hitting the bottom of freezing point and rising up,
I should embrace them.

2

The time like the wind-blown dust
brimmed at every round rooms
I call you,
you call me,
the sound steering by
as much as thickness of papers,
just like a knife,
whenever I turn the pages of a book
I have my finger cut

An deficient ego wriggling again
Folding a long way I felt like it was far,
I insert like floral leaf
at every leaves of the page

In the far future
around the end of pilgrimage,
publishing "Deep River" the first poetical works
which may light you, face of middle age…

처절한 존재인식과 질서의 시학

- 최임선 시집 『정신병동』에 부쳐 -

홍 문 표

(평론가, 오산대학 총장)

최임선 시인의 두 번째 시집 『정신병동』 상재하게 된다. 첫 시집 『깊은 강』 에서도 그의 존재탐구에 대한 집요하고 철저한 관심을 볼 수 있었는데 이번에는 「정신병동」 이라는 제목의 시집이 또 다른 충격을 준다. 정신병동이라는 말에는 우선 두 가지로 독자를 압도하게 된다. 하나는 정신질환자에 대한 우리들의 선입견이 연민과 두려움으로 다가오기 때문이고, 다른 하나는 우리는 모두 제 정신이 아닌 삶을 살고 있다는 현실인식에서 매우 묵시적인 의미를 내포하고 있기 때문이다.

그렇다면 이번 최 시인이 상상하는 「정신병동」 의 시적 진실은 무엇일까. 이 점에 대한 기초적인 정보는 시인이 서문에서 밝히고 있듯이 20여 년간 정신병동에서 실제 근무했다는 사실과, 시집 3부에 아홉 편의 정신병동에 대한 연작시를 발표하고 있다는 사실에서 우선 이번 시집은 시인이 정신병동의 체험과 연민에 많은 비중을 두고 있음을 알게 된다. 그는 정신병동을 광범위한 신의 유기지대라고 했다. 검붉은 터널이라고도 했다. 그들 앞에서 시를 쓰는 것이 부끄럽고 사치스러운 것이라고 했다. 그들에 대한 연민 때문에 떠나도 괴롭다고 했다. 이러한 시인의 고백을 볼 때 이번 시집은 그처럼 처절한 공간에서 오랫동안 그들과 함께 했던 시간과 그곳을 벗어남에 대한 정신적 부담을 결산하는 시적 상상력이라고 해도 무방할 것이다.

그렇다면 먼저 정신병동의 시들이 보여주는 시인의 메시지를 먼저 읽어볼 필요가 있다.

달도 없이 밤길을 간다
긴 복도 따라 밤길을 간다

누가 자기 좋아 할까봐 종일 눈 감고 자는 척 하는
과대망상증 "K"가 잠든 방을 지나
시인을 찍어대는 소설만 쓰다 찍혀 들어 온
정신분열증의 "L"이 잠든 방을 지나
입만 열었다하면 욕부터 나오는
중증의 피해망상증 "C"가 잠든 방을 지나
이간질에 입이 쉴 사이 없어 똥내 풍기는
조울증의 "S"가 잠든 방을 지나
목소리 깔고 자기자랑에 금방 아침 먹고 안 먹었다고 잡아떼는
노인성치매 "J"가 잠든 방을 지나
도박과 술로 불뚝 나온 똥배와 퉁퉁 부은 다리로 복도 걷기 좋아하는
약물 중독자 "H"가 잠든 방을 지나
더러운 발자국 닦아 내는 걸레와
오물 쓰레기 쓸어 내는 빗자루 늘어선 방을 지나
밤마다 우는 소리 나는 각종 고장 난 장난감 꽉 차있는 방을 지나
본능의 사고뭉치 장소 남녀 화장실을 지나

복도 끝 마지막 도어를 열면
“솨_아” 밤바다가 펼쳐 질 것 같은
D_9 정신병동

30분마다 도어 책크 하며
달도 없이 하얗게 흔들리는
긴 복도 따라 밤길을 간다
몽유병자처럼……

–「정신병동 2」 전문

그대는
수심 깊은 바다
돌기둥
파산된 조각배

저 바다는
그저 바라만 보던
바다가 아니었는데

늘 안개에 둘러싸여
안 보이는 나날이 더 많고
잊혀지는 나날이 더 많은
작은 섬

지금은 은빛 반짝이는
수평선
눈 안에 가득

돌무덤 하나
잠재우는 바다

검게 탄
텅 빈 눈동자.

-「정신병동 7」 전문

정신병동에는 어떤 환자들이 있을까.「정신병동 2」에는 다양한 환자들이 있다. 과대망상증, 정신분열증, 피해망상증, 조울증, 약물중독자 이들을 시인은 고장 난 장난감이라고 하였다. 그리고 이들을 보살피는 일은 밤길을 걷는 것이다. "달도 없이 밤길을 간다/ 긴 복도 따라 밤길을 간다"라는 지적처럼 이들을 돌보는 것은 밤길처럼 어둡고 답답하다. 그러나 돌보는 일만 밤길이 아니다. 이들의 세계도 달도 없는 밤이다. 일상인들에게는 밤과 낮의 구별이 있고, 밝고 어두움의 변화가 있지만 이들에겐 밤이나 낮이나 밤길이다. 그러니 환자나 돌보는 자나 모두가 밤길을 걷는 몽유병자가 된다.「정신병동 7」은 이들 정신질환자들의 의식세계를 바다라고 하였다. "그대는/ 수심 깊은 바다" 침묵과 어두움으로 눌려있는 깊은 바다라는 것이다. 그런가 하면 돌기둥, 파산된 조각배이기도 하고, "늘 안개에 둘러싸여/ 안 보이는 나날이 더 많고/ 잊혀지는 나날이 더 많은/ 작은 섬"이기도 하다. 연작시「정신병동」에는 각각 부제가 있다. '고장 난 장난감', '몽유병자처럼', '구인광고', '외곽지대', '눈을 뜨는 밤', '비오는 날', '바다', '운명' 등이 그것인데 이러한 부제들만으로도 정신질환자들의 세계가 무엇인지를 실감하게 된다. 특히 '구인광고'에서는 매일 밤 미쳐서 날뛰는 정신병자가 아니라 정상적인 사람, 사랑을 계산하지 않고 눈 먼 사슴 같은 신선한 눈망울을 한 나를 진정으로 사랑해줄 사람을 찾는다는 광고다. '눈을 뜨는 밤'에서는 "무관심에 구멍 뚫린 눈들이 쌓인다/ 젖은 통곡이 머리 위를 나르고/ 입술에 앉자마자 녹아내리는 절규// 슬리퍼 끄는 소리에 눈을 뜨는 밤/ 젖은 눈들이 자꾸 쌓인다"고 했다. 여기서 우리는 시인의 지극한 정신질환자들에 대한 연민을 확인하게 된다. 다른 어떤 질환보다도 우리는 정신질환에 있어서는 부정적인 선입관을 갖고 있다. 신체 일부에 장애가 있을 때 이를 의학적으로 치료하면 그만인 것처럼 정신질환도 단지 뇌기능의 일부에 장애가 있어 이를 치료하면 그만인 일반적인 환자와 다름없는 질환인데도 정신질환에 한해서는 유독 잘못된 편견과 미신을 갖고 있는 것이다.

그렇다. 많은 편견과 왜 우리는 정신병이라는 말에 당혹감을 갖게 되는 것일까? 그것은 미셸 프코의「광기의 역사」가 말해 주듯이 우리들 인간사에서 정신병이라는 말은 이성을 중시하면서 단지 뇌 일부의 정신장애 현상인 것을 과장하여 죄악시하거나 신의 저주를 받은 천형이거나 악마에게 조종되는 비인간으로 취급해온 오도된 역사의 미신일 수밖에 없는 것이다. 합리적이고 이성적인 사고만을 정상적인 인간의 모형으로 생각해온 이성중심주의는 돌출한 생각이나 특이한 행동은 모두가 비합리적이고 비이성적인 것이란 이유로 마녀나 악마의 장난으로 생각하고는 그들을 저주하거나 위험한 존재로 낙인찍어 침을 뱉고 돌을 던지고 마침내는 중죄인처럼 형무소와 같은 감호소에 감금하고 무서운 악마나 천형의 죄인으로 취급해온 것이다. 정말 정신장애자는 그렇게 무섭고 두려운 존재인지, 신체 일부에 장애가 있을 때 우리는 그를 약자로 동정하는 것이 기본적인 휴머니즘이다. 그런데 유독 정신기능의 일부에 장애가 있는 사람들에게는 매정하고 냉혹한 악감을 보이고 있는 것이 인간들의 잔인한 풍속이다.

정신장애, 이는 엄격히 말해서 사고방식의 차이일 뿐이다. 그리고 인간의 사고방식이란 누구도 획일적일 수가 없다. 그렇다면 정상인과 비정상인의 차이와 그 기준은 무엇에 근거하는 것인가. 세상의 모든 인간들은 하나도 나와 동일할 수가 없다. 따라서 근본

적으로 인간세계는 내가 아닌 다른 사람들은 모두 차이가 있는 대상이고, 그러기에 타자이고, 비정상인들이다. 사실 사고방식의 차이, 그것을 고상하게 말하면 개성이고 인격(character)이 되겠지만 그러한 차이들이 모여서 이데올로기를 만들고 신념을 만들고, 정치적 이슈를 만들어 투쟁하고 경쟁하고 함께 말하는 것이 바로 차별적 사고의 비극이다. 정상과 비정상, 그 이분법적 도그마는 누가 만든 악법인가. 그리고 이 지상에 완전한 정상은 있는가. 모두가 비정상이 아닌가. 그런데 일부만을 비정상이라고 감호소에 가두고 또 그들을 구속하고 감시하는 문명, 푸코는 이러한 문명을 주류사회가 갖는 횡포라고 보았다. 사실 정상인의 기준은 어디에도 없다. 다만 주류사회가 기득권을 유지하기 위하여 자신들과 의견이 다르거나 행동이 다를 때 이를 비정상으로 매도하고 억압하는 것이 역사의 아이러니다.

물론 이번 최임선 시인의「정신병동」은 푸코의「광기의 역사」가 보여주는 역사의 아이러니와는 성격이 다를 수 있다. 그보다는 정말 의학적으로 정신질환 속에 시달리는 환자들을 돌보면서 정신병동이라는 일반 세계와는 전혀 다른 보호감호시설에서 정상인들과는 너무나 구별되는 정신질환자들의 행태들을 생생하게 경험하면서 이들에 대한 진실을 증언하겠다는 지극한 휴머니즘의 언어라는 데서 보다 깊은 의미를 찾게 된다. 더구나 시학적 관점에서 보면 매우 소재가 이색적일 뿐만 아니라 일반인들이 대개는 기피하거나 꺼릴 수 있는데도 과감히 이를 시속에 수용하였고, 이들을 시적인 미학으로 형상화하였다는 것은 대단한 문학의 용기라고 해야 할 것이다.

그런데 이러한 소재를 수용하고 시적으로 소화할 수 있기까지는 평소 인생에 대한 진지한 성찰과 시적 탐구의 노력이 있었기에 가능한 것이다. 바로 존재 탐구나 존재 인식에 대한 집요한 관심이 있었기에 가능하다는 말이다. 시집 1부와 2부를 보면 그러한 노력들을 확인할 수 있다.

그대는
건널 수 없고
흐를 수도 없는
깊은 강 밑바닥
불규칙한 초로의 눈길로
바라만 보아야 하는
불타는 강의 심장 소리를 듣는가,

두 손 벌려 닿을 수 없는
침묵의 바닥
껴안을 수 없는 강물

흘러가는 낙화
뿌려 놓은 별 조각처럼
은빛 비늘 뒤척이는 강물
어떻게 하면
이 시대의 심장에
볼 수 없는 영혼
문신으로 새겨놓을 수 있을까,

강물 줄기 끝 접어
순종의 바다에 이르면
꽃잎처럼
나를 띄워 보리...

-「불타는 강」 전문

오솔길 지나 언덕바지
고목나무 하나
피 흘리며 서 있다

칼바람이 매섭게
흔들어 대고 있다.

머지않아 애기집 드러내고
드러누울 그 자리가
용서의 자리가 되길 기원하면서
잔가지 흔들며 오열하는 처연한 마음을,

평생을 스쳐만 지나가던
바람은 모르리라
한 장의 그림으로 접혀지는
그 세월인들
알리요.

－「바람은 모르리」 전문

덧없이 흐르는
중년 나이가 안타까워
마지막 카드 목숨을 내놓고
유언처럼 고백을 쏟아낸 적 있었다.

내 목숨을 받는 자를 위하여
난 죽을 수도 있었다.

장난치는 공처럼
멀리 던져 버리지만 않았던들,
지금쯤 나는

목숨 앞에 꼬꾸라져
헛꿈을 진짜처럼
꾸고 있었을 지도 모른다.

지금은
깨어진 살 틈 사이로
새싹이 돋아 날려는지
그 자리가 자꾸 간지럽다.

-「상처」 전문

우리가
언젠가 다시 해후할 수 있다면
난 펑펑 쏟아지는 폭포수가 될 거야
아니
다소곳 고개 숙인 들꽃이 되어 흔들거리다가
이슬처럼 초롱초롱 매어 달렸다
뚝 떨어져
눈물 속으로 들어가
폭 안겨 버릴 거야
무슨 말이 필요 하겠는가
늘 그랬듯이
침묵의 파도
빛 속을 거닐며
서로 눈부시게 바라만 볼 것이다
우리의 영혼들은......

-「해후」 전문

그의 시는 「불타는 강」의 심장 소리에서부터 비롯된다. 시인이 그처럼 열망하는 세계는 불타는 강의 심장 소리다. 그런데 그 강은 건널 수 없고, 흐를 수도 없다. 초로의 눈길로 바라만 볼 수 있는 피안의 세계다. 인간은 누구나 도달하기 어려운 세계를 동경한다. 비록 그 세계에 도달하지 못한다 하더라도 보다 높고 먼 세계를 꿈꾸고 욕망하는 것만으로도 의미가 있기 때문이다. 일찍이 괴테는 인간은 헤매는 만큼 구원을 얻는다고 했다. 문을 두드리는 만큼 열리기 때문이다. 비록 도달하기 어려운 세계이지만 깊은 강물의 밑바닥, 침묵의 강바닥에 도전하는 시정신, 그것이 최 시인의 인생이고 시의 길일 것이다. 그의 끝없는 도전과 열정은 마침내 역사의 강물, 시대의 강물, 그리고 볼 수 없는 영혼에 문신처럼 선명한 의미를 새기는 것이고, 꽃잎처럼 나를 띄워 보내는 것이리라.

따라서 그의 인생과 시는 늘 처절하고 치열하다. 「바람은 모르리」에서 보면 오솔길 지나 언덕바지에 고목나무 하나가 피 흘리며 서 있다고 했다. 여기 피 흘리고 서 있는 고목나무는 실제 고목나무이기도 하지만 치열한 삶을 견뎌온 인간들의 모습이고, 자신의 자화상일 수 있다. 그 오랜 세월 칼바람을 견디며 이제는 생산기능마저 상실한 상태에서 오열하는 처연한 마음을 스쳐가는 바람 따위가 알 리 없는 것이다. 여기에 존재의 허무가 있고, 여인의 한이 있다. 이러한 심정은 「상처」에서도 그대로 드러나고 있다. "마지막 카드 목숨을 내놓고/ 유언처럼 고백을 쏟아낸 적 있었다"고 했다. 죽으면 죽으리라는 말처럼 목숨을 배수진으로 하여 살아온 치열한 삶의 고백이다. 그러나 후반기 그의 인생은 결코 절망이나 좌절에 대한 넋두리가 아니다. 여전히 그에게는 희망이 있고, 미래가 있다. 「상처」의 마지막 구절에서도 "지금은/ 깨어진 살 틈사이로/ 새싹이 돋아 날려는지/ 그 자리가 자꾸 간지럽다"고 했다. 이러한 소망은 「해후」에서도 잘 보여준다. 믿음은 바라는 것들의 실상이요 보지 못하는 것들의 증거라 했는데 시인의 믿음을 끝내 현실을 포기하지 않고 또한 미래를 확신하는데 있다. 비록 정신병동 같은 현실이 있고, 상처뿐인 삶의 어깨가 있다할지라도 그는 미래를 생각하고 해후를 생각한다. 그것은 그의 종교적 신념일 수도 있고, 그만큼 인생을 낙관하는 긍정적 사고에 기인한다 할 수 있다. 그리하여 "언젠가 다시 해후할 수 있다면/ 난 펑펑 쏟아지는 폭포수"가 되겠다고 하였다. "다소곳 고개 숙인 들꽃이 되어 흔들거리다가/ 이슬처럼 초롱초롱 매어 달렸다/ 뚝 떨어져/ 눈물 속으로 들어가/ 푹 안겨 버릴 거야"라고 했다. 이만큼 그의 미래에 대한 소망은 강렬하다.

이처럼 최선임 시인의 시는 자신과 인생과 세상에 대하여 치열하게 도전하며 처절하게 집착한다. 이러한 진지성이 바로 정신병동에 대한 지극한 연민으로 확산될 수 있었던 것이다.

한편 그의 치열한 삶은 시적인 언어에만 머물지 않는다. 바로 성화를 통하여 시와 신앙의 열정을 승화시키기도 한다. 이번 시집에도 그의 신앙적인 정성이 신비로운 색채로 드러나고 있다. 표지화에는 「주여 자비를 베푸소서」 그리고 각 장마다 그의 성화가 제시되고 있는데, 「모세의 기적」 「천군천사」 「내가 곧 길이요 진리요 생명이니」 「천국의 계단」 「하늘의 천사들」 「하늘의 영」 「재림하시는 예수님」 「예수님 재림하실 때(휴거)」 등이 순서대로 배열되어 있어 성화를 통한 또 다른 신앙적 메시지를 경청할 수 있게 되어 있다. 그는 「첫 성화전」 에서 "너는 아직 고아다"라고 했다. 그만큼 외롭고 치열한 화가의 길을 걸어온 모습을 짐작하게 한다. "지금은/ 자신을 십자가에 걸어놓고/ 전시하는 것 같아/ 고행이다"라는 구절에서 더욱 그의 진지함이 선명해진다. 다음 시를 보면 그가 다시 성화를 그리는 이유를 알 수 있겠다.

춥고 가난한
이민 시대,

소명을 불가마 속에 달구며
열반의 수레바퀴
삼십 사년
콤마 찍고,

오른쪽 어깨 근육이완증으로
아픈 팔을 다시 든다
왼쪽 팔이 속삭인다
남은 날이 적다고,

애초에 사람에겐
바닷물로도 채워지지 않는 무한성을
신께서 주셨기에
느낌으로 내친김에
영원까지 가련다.

-「다시 성화를 그리며」 전문

그의 그림은 소명에 대한 대답이다. 그의 그림은 어깨 근육이완증으로 다시 시도하기 어려운 형편이지만 "왼쪽 팔이 속삭인다/남은 날이 적다고" 이 구절의 진의가 무엇인지는 앞서 시에서도 그랬듯이 목숨을 배수진으로 한다는 말이다. 그만큼 시와 성화와 인생은 죽으면 죽으리라는 결의로 일관하는 불꽃이 된다.

그의 시는 처절한 인생만 있는 것이 아니다. 계절도 있고, 그리움도 있고, 사랑도 있고, 자연도 있다. 그런데 이러한 서정적 대상들이라고 해서 그렇게 여유 있고 너그러운 감성으로 채색되지 않는다.

봄이 오는 길목은 눈물겹다

그대 밟고 지나갔던 그 자리
개나리 금빛 물결
다시 밟으니 그대 본 듯
저며 오는 봄빛
저만치 웃는 모습 아지랑이 같이 끓어올라
그대 생각 닿는 곳마다
팍 팍 터지는 봄의 절정 소리
절절히 흐르던 사랑했던 눈빛
봄빛 되어
죽었던 땅 위 꽃들은 다시 피어나건만
다시 피울 수 없는 사랑의 꽃
봄이 오는 길목은 언제나 눈물겹다.

－「봄이 오는 길목」 전문

가을비가 내린다
가을비는 나뭇잎을 뚫고
내 발등을 찍는다
찍고
또 찍는다.

온 몸에 가을 색 피멍이 번진다
기도 할 때마다
자비 온유 사랑 용서들이
각혈처럼 튕겨 나온다.

가을비 속으로 들어가
온 몸을 헹구어 낸다.
그리고 손바닥만 한 햇빛에
쥐포처럼 나를 말린다.

속에 있는 것들이 다 쏟아져 나오고
뼈와 가죽만 남아
빨래처럼 흔들리고 있는 목숨

상처 난 발등 위로
눈물 한 방울 뚝 떨어진다.

-「가을비」 전문

그만치서
서로를 바라 볼 뿐
만날 수 없는
평행선의 숙명

그 위를 달리는
오늘의 무게가 뜬다
얼마만큼 실어 날려야
세월의 등허리를 펼 수 있나

가난한 아침의 햇살이
몸살을 앓으며
철로 위로 미끄러진다

견제의 거리를 늦출 수 없어
박힌 못 스스로 빼낼 수 없는
잠들 수 없는
연민이여...

-「그리움 1」 전문

참으로 질서의 하나님

서로 속 뒤집히지 말고 살라고
역사는 밤에 이루어지게 하시고
뼈끼리 부딪치지 말라고
살 내음 가득한 풍요를 주시고
달지근한 뜨거움도 덤으로 주시어
그리움을 낳게 하시고

죽을 때까지 침묵하며
홀로 불 탈 수 있는
넓은 가슴도 주시어
비로소 사랑을 눈뜨게 하시니

감사합니다.

-「인생」 전문

최 시인의 봄은 그렇게 화사하거나 부푸는 감동이라기보다 화사함 뒤에 숨어있는 허무를 함께 보는 냉정함이 있다.「봄이 오면」이라는 작품을 보면 새벽에 배시시 꽃잎 여는 꽃들을 보고 싶다고 하면서도 때가 되면 낙화되어 떠나는 모습, 그 슬픔을 업고 가는 가를 아픔을 어떻게 견디는 가를 동시에 보고 싶다고 하였다. 인용한「봄이 오는 길목」에서도 봄은 기쁨의 길목이 아니라 눈물겨운 길목이다. 자연의 꽃은 다시 피지만 사랑의 꽃은 다시 피울 수 없는 것, 결국 인생의 봄은 다시 올 수 없는 허무가 있기에 오히려 눈물겨운 역설의 시가 탄생한다. 반면 가을은 풍요의 계절이라기보다 반성의 계절이고, 회개의 계절이다. "온 몸에 가을색 피멍이 번진다/ 기도 할 때마다/ 자비 온유 사랑 용서들이/ 각혈처럼 튕겨 나온다"에서 보듯이 가을은 정화의 계절이 된다. 일반인들이 경험하는 화사한 봄이나 감상적인 가을의 정서와는 거리가 있는 독특한 정서가 앞서 인생을 진지하게 보는 시적 상상력과 맥을 같이 하고 있다. 「그리움 1」에서도 그리움의 정서가 팽팽한 긴장감으로 엮여 있다. 그리움은 "그만치서/ 서로를 바라 볼 뿐/ 만날 수 없는/ 평행선의 숙명"이라고 했다. 그리움의 심리적 상태가 선명하게 드러나고 있다. 더구나 이 시의 마지막 연을 보면 그 긴장감이 더욱 예리한 촉각으로 다가온다. "견제의 거리를 늦출 수 없어/ 박힌 못 스스로 빼낼 수 없는/ 잠들 수 없는/ 연민이여" 그리움에 대한 심리적 상태가 감각적인 형상으로 리얼하고 처절하게 드러나고 있다. 그렇다면 최 시인에게서 인생이란 무엇인가. 한마디로 질서의 하나님의 피조물이라는 것이다. 그러기에 삶이란 질서와 조화와 견제, 이것은 미학의 본질이기도 하다.

그렇다면 최 시인에게서 시학의 진실은 미학과 조화를 이루는 질서와 조화와 견제다. 그것이 시고 사랑이고, 그리움이다. 비록 현실은 처절하고 치열하여 정신병동 같은 것이지만 마침내 하나님의 질서로 돌아오는 것이 그의 시요, 그가 꿈꾸는 믿음이다.

최임선 제 2시집

정신병동

2010년 10월 13일 인쇄
2010년 10월 20일 발행

지은이 최 임 선
펴낸이 신 용 호
펴낸곳 창조문학사

서울 서대문구 홍은동 397-26 동천아카데미 1층
등록번호 제1-263호
전화 374-9011, Fax 374-5217
공급처 한국출판협동조합 전화 716-5616~9

값 7,000원
ISBN 978-89-7734-297-2